I LOVE TO TELL THE TRUTH
VOLIM DA GOVORIM ISTINU

Shelley Admont
Illustrated by Sonal Goyal, Sumit Sakhuja

www.sachildrensbooks.com
Copyright©2015 by S. A. Publishing ©2017 by KidKiddos Books Ltd.
innans@gmail.com

All rights reserved. No part of this book may be reproduced in any form or by any electronic or mechanical means, including information storage and retrieval systems, without written permission from the publisher or author, except in the case of a reviewer, who may quote brief passages embodied in critical articles or in a review.
Sva prava zadržana.

Translated from English by Tanja Šobat
Prevela sa engleskog jezika Tanja Šobat
First edition, 2017

I Love to Tell the Truth (Serbian Bilingual Edition)/ Shelley Admont
ISBN: 978-1-5259-0314-4 paperback
ISBN: 978-1-5259-0315-1 hardcover
ISBN: 978-1-5259-0313-7 eBook

Please note that the Serbian and English versions of the story have been written to be as close as possible. However, in some cases they differ in order to accommodate nuances and fluidity of each language.

Although the author and the publisher have made every effort to ensure the accuracy and completeness of information contained in this book, we assume no responsibility for errors, inaccuracies, omission, inconsistency, or consequences from such information.

For those I love the most–S. A.

Za one koje volim najviše–S.A.

It was a beautiful summer day. The sun was shining brightly. The birds were chirping. The butterflies and the bees were busy visiting the colorful flowers.

Bio je lep letnji dan. Sunce je jarko sijalo. Ptice su cvrkutale. Leptiri i pčele su bili zauzeti oko šarenog cveća.

Little bunny Jimmy was playing ball in the backyard with his two older brothers. Their mom was watering her favorite daisies.

Mali zeka Džimi igrao se loptom u dvorištu sa svoja dva starija brata. Njihova mama je zalivala svoje omiljene bele rade.

"Be careful not to go near my flowers, boys," said mom.

„Dečaci, pazite da ne ugazite moje cveće", reče mama.

"Sure mom," yelled Jimmy.

„Naravno, mama", povika Džimi.

"Don't worry mom," said the oldest brother. "Your daisies are safe with us."

„Ne brini, mama", reče najstariji brat. „Pazićemo na tvoje bele rade."

Mom went back to the house while the brothers continued to play outside.

Mama se vratila u kuću, a braća su nastavila da se igraju napolju.

"Hey, let's play a different game now," said the oldest brother, twisting the ball.

„Hej, hajde da se sada igramo neke druge igre", reče najstariji brat vrteći loptu.

"What game?" asked Jimmy.

„Kakve igre?", upita Džimi.

The oldest brother thought for a second. "Let's toss the ball in the air and see who gets to catch it first."

Najstariji brat se zamislio na trenutak. „Hajde da bacamo loptu u vis i vidimo ko će je prvi uhvatiti".

"I like that," said Jimmy cheerfully.

„Sviđa mi se", reče Džimi radosno.

"Let's start," cried the middle brother. "Throw the ball now."

„Hajde da počnemo", povika srednji brat. „Baci loptu."

The oldest brother threw the ball up in the air as hard as he could.

Najstariji brat je bacio loptu u vis što je jače mogao.

All the bunnies looked up with their mouths open as the big orange ball quickly flew up. Soon, it began to fall back towards the ground.

Sve zeke su pogledale na gore otvorenih usta kada je velika narandžasta lopta naglo odletela. Ubrzo je počela da pada nazad na zemlju.

Stretching out their hands, the brothers waited eagerly.

Ispruživši svoje ruke, braća su nestrpljivo čekala.

When the ball was about to hit the ground, the older brothers ran to catch it.

Pre nego što je lopta pala na zemlju, starija braća su potrčala da je uhvate.

In a flash, Jimmy leapt forward and reached the ball before them. "Hurray! I win!"

Džimi je skočio kao munja i stigao do lopte pre njih. „Ura! Pobedio sam!"

He jumped in joy and started to run around the backyard in excitement.

Poskočio je od radosti i počeo uzbuđeno da trči po dvorištu.

Suddenly, he tripped over a small rock and fell flat on the ground … right in the middle of his mom's favorite daisy plants.

Iznenada se spotakao o kamenčić i pao na zemlju ... usred maminih omiljenih belih rada.

"Ouch!" yelled Jimmy, lifting his head out of the wet soil.

„Jao!", povika Džimi, podižući glavu sa vlažne zemlje.

His oldest brother ran over and helped him back to his feet. "Jimmy, are you hurt?" he asked.

Najstariji brat je pritrčao i pomogao mu da ustane. „Džimi, da li si se povredio?", upitao je.

"No… I think I'm fine," said Jimmy.

„Ne... mislim da sam dobro", reče Džimi.

All three bunnies looked sadly at their mom's favorite flowers, which were now crushed.

Sve tri zeke pogledaše tužno u mamino omiljeno cveće koje je sada bilo uništeno.

"Mom will not be happy to see this," murmured the oldest brother quietly.

„Mama neće biti srećna kada ovo vidi", promrmljao je tiho najstariji brat.

"That's for sure," agreed the middle brother.

„Sigurno", složio se srednji brat.

"Please, please, don't tell mom that I did this. Pleeeeeaaaase…" begged Jimmy, slowly moving away from the ruined daisies.

„Molim vas, molim vas, nemojte reći mami da sam ja ovo uradio. Moooooolim vas…", molio je Džimi, polako se udaljavajući od uništenih belih rada.

That moment, their mom came running out from the house. "Kids, what happened? I just heard someone scream. Are you all OK?"

U tom trenutku, njihova mama je istrčala iz kuće. „Deco, šta se desilo? Čula sam da je neko vrisnuo. Da li ste svi dobro?"

"We're fine, mom" said the oldest brother. "But your flowers…"

„Dobro smo, mama", reče najstariji brat. „Ali tvoje cveće…"

It wasn't until that moment that their mom noticed the ruined flowerbed. She sighed. "How did this happen?" she asked.

Tek tada je mama primetila uništenu gredicu sa cvećem. Uzdahnula je. „Kako se ovo desilo?", upitala je.

"It was aliens," Jimmy hastened to answer. "They came from... out there..." He pointed to the sky. "I saw them walking over your little daisy garden. Really, mom."

„Vanzemaljci su krivi", Džimi je požurio da odgovori. „Došli su... odatle..." Pokazao je na nebo. „Video sam ih kako hodaju po tvojoj baštici belih rada. Stvarno, mama."

Mom raised her eyebrow and looked into Jimmy's eyes. "Aliens?"

Mama je podigla obrvu i pogledala Džimija u oči. „Vanzemaljci?"

"Yes, and they flew away in their spaceship."

„Da, i odleteli su u svom svemirskom brodu."

Mom sighed again. "It's good that they flew away," she said, "because now it's time for dinner. Don't forget to wash your hands. And Jimmy..."

Mama je ponovo uzdahnula. „Dobro je što su odleteli", reče, „jer je sada vreme za večeru. Ne zaboravite da operete ruke. I, Džimi..."

During the dinner, Jimmy was very quiet. He felt uncomfortable. He couldn't eat and he couldn't drink. He didn't even want to try his favorite carrot cake.

Tokom večere, Džimi je bio veoma tih. Bilo mu je neprijatno. Nije mogao ni da jede ni da pije. Nije čak želeo ni da proba svoj omiljeni kolač od šargarepe.

At night, Jimmy couldn't sleep. Something didn't feel right. Getting up, he approached his oldest brother's bed.
Uveče, Džimi nije mogao da zaspi. Osećao je da nešto nije u redu. Ustao je i prišao krevetu svog najstarijeg brata.

"Hey, are you sleeping?" he whispered.
„Hej, da li spavaš?", prošaputao je.

"Jimmy, what happened?" mumbled his oldest brother, slowly opening his sleepy eyes. "Go back to your bed."
„Džimi, šta se desilo?", promrmljao je najstariji brat, polako otvarajući svoje pospane oči. „Vrati se u krevet."

"I can't sleep. I keep thinking about mom's flowers," said Jimmy quietly. "I should have been careful with them."
„Ne mogu da zaspim. I dalje razmišljam o maminom cveću", tiho reče Džimi. "Trebalo je da budem pažljiv sa njim."

"Oh, that was an accident," said the oldest brother. "Don't worry. Go back to sleep!"

„O, to je bilo slučajno", rekao je najstariji brat. "Ne brini. Vrati se na spavanje!"

"But I should not have lied to mom," said Jimmy still staying there.

„Ali nije trebalo da slažem mamu", reče Džimi i dalje stojeći pored kreveta.

The oldest brother sat up on his bed. "Yes," he agreed. "You should have told her the truth."

Najstariji brat se uspravio u krevetu. „Da", složio se. „Trebalo je da joj kažeš istinu."

"I know," said Jimmy, shrugging his shoulders. "What am I going to do now?"

„Znam", reče Džimi, sležući ramenima. „Šta sada da radim?"

"For now, go to sleep. And in the morning, you will tell mom the truth. Deal?"

„Za sada, idi na spavanje. A ujutru ćeš reći mami istinu. Dogovoreno?"

"OK," said Jimmy and he trudged slowly to his bed.

„Dobro", rekao je Džimi i polako se odvukao nazad u svoj krevet.

The next morning, he woke up very early, jumped out of his bed, and ran looking for his mom. She was in the backyard.

Sledećeg jutra se probudio veoma rano, iskočio iz kreveta i potrčao da pronađe mamu. Ona je bila u dvorištu.

"Mommy," Jimmy called. "I was the one who ruined your flowers, not the aliens." He ran over and hugged his mom.

„Mamice", pozvao je Džimi. „Ja sam ti uništio cveće, ne vanzemaljci." Pritrčao je i zagrlio svoju mamu.

Mom hugged him back and replied, "I'm so happy that you told the truth. I know it wasn't easy, and I'm proud of you, Jimmy."

Mama mu je uzvratila zagrljaj i odgovorila: „Jako sam srećna što si mi rekao istinu. Znam da ti nije bilo lako. Ponosna sam na tebe, Džimi."

"Please don't be sad about the flowers. We'll think of something," said Jimmy.

„Molim te, nemoj biti tužna zbog cveća. Smislićemo nešto", reče Džimi.

Mom shook her head. "I was not worried about the flowers. I was sad about you not telling me the truth."

Mama je odmahnula glavom. „Nisam se zabrinula zbog cveća. Bila sam tužna zato što mi nisi rekao istinu."

"I'm sorry, mom," said Jimmy. "I won't lie again."

„Izvini, mama", reče Džimi. „Neću više lagati."

After breakfast, Jimmy and his dad went to buy some daisy seedlings, and the whole family helped mom plant them.

Posle doručka, Džimi i njegov tata su otišli da kupe seme belih rada, a potom je cela porodica pomogla mami da ih zasadi.

Jimmy learned that telling the truth makes him and his family happy. That's why from that day on, he always tells the truth.

Džimi je naučio da će, ako bude govorio istinu, on i njegova porodica biti srećni. Zato on, od tada, uvek govori istinu.

www.ingramcontent.com/pod-product-compliance
Lightning Source LLC
Chambersburg PA
CBHW061138070526
44584CB00033B/4350